MILENA CLEMENS

Bubble Tea

× KOCHBUCH ×

Email: info@edition-lunerion.de
www.edition-lunerion.de

Psiana eCom UG
Berumer Str. 44
26844 Jemgum

Vorwort

Ob eiskalte Erfrischung, zuckersüßes Trinkdessert, Fruchtexplosion oder cremiges Geschmackserlebnis: Bubble Tea lockt mit schier unendlichen Kreationen und begeistert längst Fans auf der ganzen Welt. Wenn Sie dabei nicht mehr auf teuer-überzuckerte Varianten aus der Fußgängerzone zurückgreifen möchten, dann schnappen Sie sich dieses Buch und zaubern Sie ganz einfach daheim blubbrige Vielfalt ins Glas!

Vor ein paar Jahren waren sie auf einmal überall: Plastikbecher mit farbenfroh-exotischen Getränken, die vor allem Teenager scharenweise in Begeisterung versetzt haben. Mittlerweile ist das aus Taiwan stammende Straßengetränk als kultige Erfrischung nicht mehr wegzudenken und mit hausgemachten Tea-Variationen kreieren Sie ganz genau das Geschmackserlebnis, das Sie sich wünschen. Dieses Buch präsentiert Ihnen eine Riesenauswahl an unterschiedlichsten Ideen und Texturen, bei denen für alle Vorlieben reichlich geboten ist: Ob Basic-Rezepte für hausgemachte Bubbles, klassische Milch-Tee-Rezepte, außergewöhnliche Taro-Tea-Varianten mit Wurzelgemüse, aufregende Cheese-Tea-Kombinationen mit Frischkäse oder erfrischend-fruchtige Fruit-Teas – experimentieren Sie mit verschiedenen Zubereitungsformen und setzen Sie für den Bubble-Effekt auf Tapioka-Perlen, Popping Boba, Nata de Coco oder Chia.

Guten Appetit!

INHALT

Wissenswertes

BUBBLE TEA – VOM STRAẞENGETRÄNK ZUM GLOBALEN KULT

Von den bescheidenen Anfängen als Straßenerfrischung in Taiwan hat sich Bubble Tea zu einem weltumspannenden Phänomen entwickelt. Sein Siegeszug führte von kleinen Straßenständen zu einer Präsenz in Cafés, Restaurants und spezialisierten Geschäften weltweit, wo es in unzähligen Geschmacksrichtungen und Varianten angeboten wird. Dieses Buch ist Ihr Schlüssel zur Welt des Bubble Teas, mit Anleitungen zur Zubereitung dieses vielseitigen Getränks in der eigenen Küche.

Bubble Tea symbolisiert kulturelle Kreativität und Innovation. In den 1980er-Jahren, in Taiwan ohne die heute charakteristischen Tapiokaperlen erfunden und ursprünglich aus Fruchtsirup bestehend, hat sich das Getränk zu einer global geschätzten Delikatesse entwickelt. Die essbaren Perlen, die ihm den alternativen Namen „Pearl Milk Tea" verliehen, prägen seine einzigartige Sensorik.

Die Entstehung spezialisierter Teehäuser und der Aufstieg zu ganzen Ketten markieren den Weg des Bubble Teas zur kulturellen Institution. Seit seiner Einführung in Deutschland im Jahr 2010 hat das Getränk eine beeindruckende Beliebtheit und Vielfalt erlangt. Dieses Buch zielt darauf ab, Ihnen aufzuzeigen, wie sich diese köstlichen Varianten selbst herstellen lassen.

WAS IST BUBBLE TEA?

Bubble Tea erfreut sich nun auch in Europa großer Beliebtheit und hat sich als Trendgetränk etabliert. Die Erfindung in den 1980er-Jahren in Taiwan markiert lediglich den Beginn seiner Geschichte. Anfangs aus Fruchtsirup bestehend und von Straßenverkäufern an Schulkinder verkauft, hat sich Bubble Tea zu einem vielfältigen Angebot entwickelt. Heute besteht er aus Tee – ob schwarz oder grün –, angereichert mit Milch, Sirup und den berühmten Tapiokaperlen, die beim Biss zerplatzen und so dem Getränk seinen Namen geben. Die Ausbreitung über Teehaus-Ketten bis hin zur Verfügbarkeit in Deutschland seit 2010 unterstreicht seine weltweite Beliebtheit.

BUBBLE PEARLS/TAPIOKA

Tapioka wurde sogar schon von den alten Mayas verwendet und ist eine geschmacksneutrale, pflanzliche Speisestärke. Man stellt Tapioka aus den Wurzeln von Manioks her, weshalb diese auch für Menschen mit einer Glutenunverträglichkeit geeignet sind.

Sie können Tapiokaperlen im Handel kaufen oder sie selbst herstellen.

Um die Perlen selbst herzustellen, benötigen Sie:

Zutaten

100 g Maniokmehl
50 g Ahornsirup

1 Verrühren Sie beide Zutaten so lange, bis ein klebriger Teig entsteht, und formen Sie kleine Kugeln, die etwa die Größe einer Murmel haben. Geben Sie diese Kügelchen in kochendes Wasser und lassen Sie diese etwa 35 Minuten köcheln.

2 Das Wasser abgießen, die Perlen auf zwei Gläser verteilen und für einen Bubble Tea Ihrer Wahl verwenden.

POPPING BOBA

Popping Boba stellen eine Alternative zu Tapiokaperlen dar und sind gefärbte Geleekugeln, die aus Algenstärke und einer Fruchtmischung bestehen. Das Rezept hierzu kommt aus der Molekularküche, welches für den explosionsartigen Geschmack im Mund führt. Popping Boba können Sie in vielen Läden kaufen oder online bestellen.

Hier ist ein Rezept für alle, die selbst gemachte Popping Boba für ihren Bubble Tea wollen:

Zutaten

500 g Obst Ihrer Wahl (z. B. Erdbeeren, Mango, Melone etc.)
500 ml Wasser
2 g Algenstärke (Alginat)
3 g Calciumlactat

1 Pürieren Sie das Obst mit einem Pürierstab oder einem Mixer zu einer feinen Masse. Geben Sie diese Masse in ein sauberes Geschirrtuch und pressen 250 ml Saft daraus in ein Gefäß.

2 Vermixen Sie davon ein Drittel mit der Algenstärke und geben diese Masse wieder zu dem restlichen Saft.

3 Gießen Sie alles durch ein Sieb und lassen die Masse für 30 Minuten stehen.

4 Lösen Sie das Calciumlactat in 500 ml Wasser auf.

5 Die Fruchtsaftmasse in eine Pipette oder Spritze geben und in die Calciumlactat-Mischung tropfen.

6 Kochen Sie das Ganze 1 Minute auf und spülen Sie die entstandenen Perlen mit Mineralwasser gründlich ab.

NATA DE COCO

Nata de Coco ist eine portugiesische bzw. spanische Kokossahne. Sie stammt ursprünglich von den Philippinen und gilt dort als Süßspeise. Hergestellt wird die Süßspeise aus bakteriell fermentiertem Kokosnusssaft, den man in Würfelform presst. Dieser wird zum Beispiel als Beilage für Pudding verwendet. Auch in Bubble Teas und anderen Getränken schmeckt es sehr lecker. Das benötigen Sie, um Nata de Coco selbst herzustellen:

20 Port.

Zutaten

200 ml Kokoswasser
100 ml cremige Kokosmilch
50 ml Lychee-Saft
6 g Agar-Agar
je 1 - 2 Prisen Cayennepfeffer und Meersalz

1 Alle Zutaten gründlich in einem Topf vermengen und unter stetigem Rühren zum Kochen bringen.

2 Lassen Sie alles 5 Minuten weiterköcheln und rühren Sie dabei die ganze Zeit um.

3 Gießen Sie alles in einen Suppenteller und lassen die Masse abkühlen. Alles für 50 Minuten in den Kühlschrank stellen.

4 Herausholen und die Masse auf einem Brett in kleine Würfel schneiden.

5 Bitte noch nicht sofort verwenden, sondern erst einmal einfrieren.

CHIASAMEN

Wer gesündere Bubble Pearls in seinem Getränk haben möchte, kann Chiasamen verwenden. Auch diese Pflanze war schon den alten Mayas bekannt. Für sie waren Chiasamen ein Grundnahrungsmittel und eine Heilpflanze zugleich. Heutzutage zählen Chiasamen als Superfood, welches man in den meisten Supermärkten kaufen kann.

Anwendung von Chiasamen in Bubble Teas:

1 Weichen Sie 2 EL Chiasamen in 6 EL Wasser ein und lassen Sie diese für 2 Stunden im Kühlschrank quellen.

2 Dann den Bubble Tea Ihrer Wahl zubereiten und die aufgequollenen Bubble-Chia-Pearls dazugeben.

BUBBLE-TEA-ARTEN

Bubble Tea kann in unzähligen Varianten zu Hause zubereitet werden. Diese Vielfalt eröffnet Ihnen die Möglichkeit, mit verschiedenen Geschmacksrichtungen zu experimentieren und genau die Kombination zu kreieren, die Ihren persönlichen Vorlieben entspricht. Von klassischen Tees mit Milch über innovative Kreationen mit Frischkäse bis hin zu Varianten mit dem exotischen Wurzelgemüse Taro – die Bandbreite der Rezepte und Zutaten ist beeindruckend. Im Folgenden erhalten Sie einen detaillierten Einblick in die verschiedenen Arten von Bubble Tea. Diese Übersicht soll Ihnen Inspiration bieten und dabei helfen, die Kunst der Zubereitung dieser beliebten Getränke zu Hause zu meistern.

Milk Tea: Diese Sorte gilt als der Inbegriff des Bubble Teas und verbindet die kräftigen Aromen von Schwarztee harmonisch mit der Cremigkeit von Milch. Die hinzugefügten Tapiokaperlen bieten eine interessante Textur, während Eiswürfel das Getränk erfrischend kalt halten. Der Milk Tea überzeugt durch seine ausgewogene Süße und die samtige Konsistenz, was ihn zu einem Favoriten unter Kennern macht. Die Zubereitung achtet sorgfältig auf das Verhältnis der Zutaten, um ein optimales Geschmackserlebnis zu gewährleisten.

Brown Sugar: Diese Variante setzt auf ein reichhaltigeres Geschmackserlebnis durch einen höheren Milchanteil und die Zugabe von Popping-Boba-Perlen sowie Sirup auf Basis von braunem Zucker. Die süße und gleichzeitig komplexe Note des braunen Zuckers verleiht dem Getränk eine besondere Tiefe. Die Popping-Boba-Perlen, die im Mund ein einzigartiges Geschmackserlebnis bieten, machen jeden Schluck zu einem kleinen Abenteuer. Der Brown-Sugar-Bubble-Tea ist perfekt für diejenigen, die nach einem süßeren, reichhaltigeren Getränk suchen.

Taro Tea: Taro, ein Wurzelgemüse, ist die Hauptzutat dieses Tees und sorgt für eine dickflüssige Konsistenz sowie einen Geschmack, der an Vanille erinnert. Die Verwendung von Taro verleiht dem Getränk nicht nur eine attraktive lila Farbe, sondern auch eine cremige Textur, die es von anderen

Bubble-Tea-Sorten abhebt. Der Taro Tea ist eine ausgezeichnete Wahl für diejenigen, die neugierig auf ungewöhnliche Geschmacksrichtungen sind und etwas Neues ausprobieren möchten.

Cheese Tea: Diese innovative Variante kombiniert Tee mit einer Mischung aus Frischkäse, Schlagsahne, Milch und einer Prise Salz. Die Mischung wird sorgfältig aufgeschlagen und als cremige Haube auf den Tee gegeben, was zu einem überraschend harmonischen Geschmackserlebnis führt. Der salzige Frischkäse kontrastiert perfekt mit der Süße des Tees und bietet eine faszinierende Geschmackskombination, die bei Teeliebhabern immer beliebter wird.

Fruit Tea: Als Basis für diese Sorte dient Früchtetee, der durch seine Vielfalt an Aromen besticht. Der Verzicht auf Milch macht ihn zu einer leichteren Option, die besonders an warmen Tagen erfrischt. Stattdessen werden oft echte Fruchtstückchen verwendet, die nicht nur den Geschmack intensivieren, sondern auch als natürliche Alternative zu den traditionellen Tapiokaperlen dienen. Der Fruit Tea ist ideal für diejenigen, die ein erfrischendes und fruchtiges Geschmackserlebnis suchen.

DER BUBBLE TEA-VORRATSSCHRANK

Um einen herausragenden Bubble Tea in der eigenen Küche zu kreieren, ist es unerlässlich, eine gut sortierte Auswahl an Zutaten sowie die entsprechenden Utensilien bereitzuhalten. Dieses Kapitel führt Sie durch die notwendigen Bestandteile, die für die Zubereitung vielfältiger Bubble-Tea-Varianten unerlässlich sind. Angefangen bei den charakteristischen Bubble Tea Pearls und einer reichen Auswahl an Teesorten und Sirupvarianten, bis hin zu einem Basisrezept, deckt diese Liste alles ab, was Sie benötigen, um das perfekte Getränk zu Hause zu genießen. Auch die richtigen Utensilien spielen eine wichtige Rolle, um die Zubereitung so einfach und effizient wie möglich zu gestalten.

Hier ein Überblick über die grundlegendsten Zutaten und Werkzeuge:

Ihre Lieblings-Bubble-Tea-Pearls

- **Milch** (oder pflanzliche Milch)
- **Grüntee & Schwarztee**
- **Früchtetee & Kräutertee**
- **Kaffee**
- **Fruchtsirup / verschiedene Sirupvarianten**
- **Frisches Obst & Tiefkühlfrüchte**

Und die unverzichtbaren Utensilien:

- **Hohe Gläser**
- **Wiederverwendbare, dicke Strohhalme**
- **Standmixer/Pürierstab**
- **Shaker**

BASISREZEPT

1 Glas

10 Min.

Einfach

Zutaten

125 ml Grüntee oder Schwarztee
250 ml Milch
100 ml kühles Wasser
2 EL Bubble Tea Pearls
Eiswürfel

Nährwerte p. P.

Kalorien: 230
Kohlenhydrate: 33 g
Fett: 8 g
Eiweiß: 6 g

1 Kochen Sie zuerst 125 ml Tee auf und lassen diesen länger ziehen als üblich. Gut abkühlen lassen und kalt stellen.

2 Wasser, Milch, abgekühlten Tee und Eiswürfel in einen Shaker geben oder so in einem Behältnis gründlich vermischen.

3 Die Masse in ein hohes Glas füllen und die Bubble Tea Pearls dazugeben.

4 Wer mag, kann das Getränk noch mit einem Sirup nach Wahl süßen.

Fruit & Berry

STRAWBERRY-LOVE

1 Glas

15 Min.

Einfach

Zutaten

300 g Erdbeeren
2 Teebeutel Erdbeertee
150 ml Wasser
1 EL Vanillesirup
3 EL Popping Boba (Erdbeergeschmack)
Crushed Ice

Nährwerte p. P.

Kalorien: 307
Kohlenhydrate: 68 g
Fett: 1 g
Eiweiß: 3 g

1 Kochen Sie die 200 ml Wasser auf und lassen den Tee für 5 - 7 Minuten ziehen. Den Tee etwa 10 Minuten abkühlen lassen.

2 Füllen Sie die Popping Boba in ein hohes Glas.

3 Orangensaft, Tee und Sirup in einem Standmixer für 1 Minute durchmixen und zu den Popping Boba gießen.

4 Das Crushed Ice dazugeben und sofort genießen.

5 Wenn Sie mögen, können Sie den Bubble Tea noch mit Granatapfelkernen oder einer Orangenscheibe toppen.

SUNRISE-ORANGE

1 Glas

20 Min.

Einfach

Zutaten

100 ml Orangensaft (frisch gepresst)
1 Teebeutel Orangentee
200 ml Wasser
1 EL Granatapfelsirup
3 EL Popping Boba (Orangengeschmack)
Crushed Ice

Nährwerte p. P.

Kalorien: 115
Kohlenhydrate: 28 g
Fett: 0,1 g
Eiweiß: 0,4 g

1 Kochen Sie die 200 ml Wasser auf und lassen den Tee für 5 - 7 Minuten ziehen. Den Tee etwa 10 Minuten abkühlen lassen.

2 Füllen Sie die Popping Boba in ein hohes Glas.

3 Orangensaft, Tee und Sirup in einem Standmixer für 1 Minute durchmixen und zu den Popping Boba gießen.

4 Das Crushed Ice dazugeben und sofort genießen.

5 Wenn Sie mögen, können Sie den Bubble Tea noch mit Granatapfelkernen oder einer Orangenscheibe toppen.

RED JASMIN

1 Glas 20 Min. Einfach

Zutaten

100 ml Cranberrysaft
1 Teebeutel Jasmintee
150 ml Wasser
5 EL Tapiokaperlen
1 - 2 TL Honig
Eiswürfel

Nährwerte p. P.

256 kcal
35 g Kohlenhydrate
7 g Fett
9 g Eiweiß

1 Kochen Sie die 150 ml Wasser auf, lassen den Jasmintee für etwa 3 - 4 Minuten ziehen und süßen ihn mit Honig. Den Tee kurz abkühlen lassen und für 30 Minuten in den Kühlschrank stellen.

2 Die Tapiokaperlen nach Packungsanweisung aufkochen oder selbst welche zubereiten.

3 Füllen Sie die Eiswürfel und Tapiokaperlen in ein hohes Glas und gießen den Cranberrysaft und den Jasmintee darüber.

Tipp: Lassen Sie das kochende Wasser erst ein paar Minuten abkühlen, bevor Sie den Jasmintee damit aufgießen. Jasmintee wird schnell bitter, wenn das Wasser zu heiß ist.

HERBE ZITRONE

1 Glas

10 Min.

Einfach

Zutaten

50 ml frisch gepresster Zitronensaft + 50 ml Wasser
1 Teebeutel Grüntee Zitrone
150 ml Wasser
2 - 3 EL Popping Boba (Zitronengeschmack)
Crushed Ice

Nährwerte p. P.

Kalorien: 78
Kohlenhydrate: 20 g
Fett: 0 g
Eiweiß: 0,3 g

1 Kochen Sie 150 ml Wasser auf und lassen den Grüntee etwa 5 Minuten ziehen und etwas abkühlen.

2 Wasser mit frisch gepresstem Zitronensaft vermengen.

3 Füllen Sie das Crushed Ice und die Popping Boba in ein hohes Glas.

4 Grüntee und verdünnten Zitronensaft dazugießen und sofort genießen.

MANGOTRAUM

1 Glas

10 Min.

Einfach

Zutaten

300 g Mangopüree (bekommt man in asiatischen Läden)
1 Teebeutel Jasmintee
200 ml Wasser
50 ml Orangensaft
2 - 3 EL Popping Boba (Mangogeschmack)
1 EL Honig
Frische Minze

Nährwerte p. P.

Kalorien: 204
Kohlenhydrate: 47 g
Fett: 0,8 g
Eiweiß: 1 g

1 Kochen Sie die 200 ml Wasser auf, dieses ein paar Minuten abkühlen lassen, den Jasmintee aufgießen und mit Honig süßen. Den Tee etwa 1 - 2 Minuten ziehen lassen.

2 Mangopüree und Orangensaft in einer Schale gründlich miteinander vermengen.

3 Füllen Sie die Popping Boba in ein hohes Glas und gießen die Mango-Orangen-Masse und den Jasmintee dazu.

4 Mit Minze toppen und sofort genießen.

WALDFRUCHT-JOGHURT

1 Glas

15 Min.

Einfach

Zutaten

100 g gemischte Tiefkühlbeeren
1 Teebeutel Waldfruchttee
200 ml Wasser
250 g Naturjoghurt
1 EL Ahornsirup
4 - 5 EL Popping Boba (mit Joghurtgeschmack)
Crushed Ice

Nährwerte p. P.

Kalorien: 218
Kohlenhydrate: 37 g
Fett: 5 g
Eiweiß: 6 g

1 Die Tiefkühlbeeren auftauen lassen und in einem Standmixer zu einem Fruchtbrei pürieren.

2 Kochen Sie das Wasser auf und lassen den Waldfruchttee etwa 5 Minuten ziehen.

3 Vermengen Sie den Joghurt mit dem Ahornsirup.

4 Popping Boba und Crushed Ice in ein hohes Glas füllen und mit Tee übergießen.

5 Rühren Sie das Fruchtpüree mit unter und toppen Sie den Bubble Tea mit dem Joghurt.

6 Das Glas mit Strohhalm und Löffel servieren.

COCONUT WITH BROWN SUGAR

1 Glas

30 Min.

Einfach

Zutaten

2 EL Kokoscreme
1 Teebeutel Schwarztee
200 ml Wasser
50 ml Milch
2 - 3 EL Tapiokaperlen
1 EL brauner Zucker
Crushed Ice

Nährwerte p. P.

Kalorien: 141
Kohlenhydrate: 17 g
Fett: 6 g
Eiweiß: 1 g

1 Kochen Sie die 200 ml Wasser auf und lassen den Schwarztee 5 - 7 Minuten ziehen. Den Tee mit der Milch und dem braunen Zucker verrühren.

2 Die Tapiokaperlen nach Packungsanweisung kochen und in ein hohes Glas füllen.

3 Vermixen Sie die Teemischung, die Kokoscreme und das Crushed Ice in einem Standmixer und gießen alles in das Glas über die Tapiokaperlen.

4 Sofort genießen.

PEACHLOVER

1 Glas

30 Min.

Einfach

Zutaten

2 Pfirsiche + 50 ml Wasser
1 Teebeutel Grüntee
200 ml Wasser
50 ml Mandelmilch oder Kuhmilch
3 - 4 EL schwarze Tapiokaperlen
1 EL Ahornsirup

Nährwerte p. P.

Kalorien: 135
Kohlenhydrate: 28 g
Fett: 1 g
Eiweiß: 2 g

1 Bereiten Sie die Tapiokaperlen nach Packungsanweisung zu.

2 Die 200 ml Wasser kochen und den Grüntee 3 - 4 Minuten ziehen lassen. Mit Milch verrühren.

3 Entsteinen Sie die Pfirsiche und pürieren Sie diese zusammen mit 50 ml Wasser und Ahornsirup.

4 Füllen Sie die Tapiokaperlen in ein hohes Glas und gießen Sie den Grüntee und das Pfirsichpüree dazu.

LILA PFLAUME

1 Glas

30 Min.

Einfach

Zutaten

1 Teebeutel Grüntee
200 ml Wasser
200 ml Pflaumensaft
200 ml gesüßte Kondensmilch
4 EL Tapiokaperlen
Eiswürfel

Nährwerte p. P.

Kalorien: 191
Kohlenhydrate: 22 g
Fett: 7 g
Eiweiß: 7 g

1 Bereiten Sie die Tapiokaperlen nach Packungsanweisung zu.

2 Kochen Sie den Grüntee mit 200 ml Wasser auf. Etwa 10 Minuten ziehen lassen und abkühlen.

3 Die Tapiokaperlen und die Eiswürfel in ein hohes Glas füllen.

4 Übergießen Sie alles mit Grüntee, Pflaumensaft und Kondensmilch.

PASSIONSFRUCHT-ANANAS

1 Glas

10 Min.

Einfach

Zutaten

1 Teebeutel Grüntee
200 ml Wasser
250 ml Ananassaft
3 - 4 EL Popping Boba (mit Passionsfrucht-Geschmack)
1 große Ananasscheibe
Eiswürfel

Nährwerte p. P.

Kalorien: 270
Kohlenhydrate: 67 g
Fett: 0,5 g
Eiweiß: 1 g

1 Gießen Sie den Grüntee mit 200 ml heißem Wasser auf.

2 Lassen Sie ihn 10 Minuten ziehen und ein wenig abkühlen.

3 Eiswürfel und Popping Boba in ein hohes Glas füllen.

4 Mit Grüntee und Ananassaft übergießen.

5 Toppen Sie den Bubble Tea mit einer Ananasscheibe am Glasrand.

Kräuterküche

FRAUENPOWER

1 Glas

30 Min.

Einfach

Zutaten

5 - 6 Blätter Frauenmantel
4 Erdbeerblätter
5 Himbeerblätter
1 EL loser Grüntee
250 ml Wasser
50 ml Milch
3 - 4 EL Tapiokaperlen
1 EL Honig

Nährwerte p. P.

Kalorien: 168
Kohlenhydrate: 34 g
Fett: 2 g
Eiweiß: 2 g

1 Bereiten Sie die Tapiokaperlen nach Packungsanweisung zu und füllen diese in ein hohes Glas.

2 250 ml Wasser aufkochen und die Kräuter und den Grüntee damit übergießen. Etwa 5 Minuten ziehen lassen. Den Tee durch ein Sieb abgießen, mit Honig süßen und mit Milch verrühren.

3 Die Kräutertee-Milch-Mischung über die Tapiokaperlen gießen.

POSITIVE VIBES

1 Glas

15 Min.

Einfach

Zutaten

2 Stängel Goldmelisse
1 Ringelblume
5 Stängel Zitronenverbene
3 - 4 Rosenblätter
250 ml Wasser
5 EL Popping Boba (Erdbeer- oder Rosengeschmack)
1 EL Honig

Nährwerte p. P.

Kalorien: 125
Kohlenhydrate: 28 g
Fett: 0 g
Eiweiß: 0,1 g

1 Bringen Sie 250 ml Wasser zum Kochen, übergießen die Kräuter damit und lassen den Tee für 10 Minuten ziehen. Den Tee über einem Sieb abgießen und mit Honig süßen.

2 Popping Boba in ein hohes Glas füllen und mit dem Kräutertee übergießen.

IMMUNBOOSTER

1 Glas

30 Min.

Einfach

Zutaten

2 Stiele Thymian
5 Stängel Minze
4 Stängel Salbei
250 ml Wasser
4 - 5 EL Tapiokaperlen
1 EL Honig

Nährwerte p. P.

Kalorien: 67
Kohlenhydrate: 16 g
Fett: 0,1 g
Eiweiß: 0,2 g

1 Tapiokaperlen nach Packungsanweisung vorbereiten und diese in ein hohes Glas füllen.

2 Kochen Sie 250 ml Wasser auf und gießen es über die Kräuter. Den Tee etwa 10 Minuten ziehen lassen, über einem Sieb abgießen und mit Honig süßen.

3 Den Kräutertee über die Tapiokaperlen gießen.

SEELENTRÖSTER

1 Glas

15 Min.

Einfach

Zutaten

1 Malvenblüte
4 Kamillenblüten
5 Stiele Zitronenmelisse
2 getrocknete Apfelstückchen
250 ml Wasser
5 EL Popping Boba (Apfelgeschmack)
1 EL Honig

Nährwerte p. P.

Kalorien: 101
Kohlenhydrate: 25 g
Fett: 0 g
Eiweiß: 0,1 g

1 Bringen Sie die 250 ml Wasser zum Kochen. Nehmen Sie das kochende Wasser vom Herd und geben Sie die Malvenblüte, Kamillenblüten, Zitronenmelisse und die getrockneten Apfelstückchen hinein.

2 Lassen Sie die Kräuter und Apfelstückchen für 10 Minuten ziehen, um einen aromatischen Tee zu erhalten.

3 Seihen Sie den Tee über einem Sieb ab, um die festen Bestandteile zu entfernen. Süßen Sie den Tee mit Honig und rühren Sie um, bis sich der Honig vollständig aufgelöst hat.

4 Füllen Sie die Popping Boba mit Apfelgeschmack in ein hohes Glas.

5 Gießen Sie den gesüßten Kräutertee über die Popping Boba.

6 Optional können Sie den Tee vor dem Übergießen über die Popping Boba abkühlen lassen oder direkt als heißen Tee genießen, je nach Vorliebe.

MAGISCHER WALDMEISTER

1 Glas 15 Min. Einfach

Zutaten

1 EL getrockneter Waldmeister
1 EL loser Grüntee
250 ml Wasser
5 EL Popping Boba (Waldmeistergeschmack)
1 EL Honig

Nährwerte p. P.

Kalorien: 125
Kohlenhydrate: 31 g
Fett: 0 g
Eiweiß: 0,1 g

1 Kochen Sie 250 ml Wasser auf und übergießen Sie den Waldmeister und den Grüntee damit. Den Tee 10 Minuten ziehen lassen, durch ein Sieb gießen und mit Honig süßen.

2 Die Popping Boba in ein hohes Glas füllen und mit Tee übergießen.

ERKÄLTUNGSTEE

1 Glas

20 Min.

Einfach

Zutaten

1 Teebeutel Pfefferminztee
1 Teebeutel Salbeitee
200 ml Wasser
3 - 4 EL Honig-Tapiokaperlen
1 EL Honig (oder mehr nach Geschmack)
Eiswürfel

Nährwerte p. P.

Kalorien: 150
Kohlenhydrate: 38 g
Fett: 0 g
Eiweiß: 0 g

1 Bereiten Sie die Honig-Tapiokaperlen nach Packungsanweisung zu.

2 Kochen Sie 200 ml Wasser auf und geben Sie je einen Teebeutel Pfefferminztee und Salbeitee hinzu. Lassen Sie die Teebeutel 6 - 8 Minuten ziehen, um einen kräftigen Tee zu erhalten.

3 Entfernen Sie die Teebeutel und lösen Sie 1 Esslöffel Honig im heißen Tee auf, sodass er sich vollständig mit dem Tee verbindet.

4 Füllen Sie die vorbereiteten Honig-Tapiokaperlen in ein hohes Glas und geben Sie Eiswürfel dazu.

5 Übergießen Sie die Tapiokaperlen und Eiswürfel mit dem süßen Tee.

EINSCHLAFTEE

1 Glas

20 Min.

Einfach

Zutaten

1 Teebeutel Zitronenmelissentee
1 Teebeutel Kamillentee
200 ml Wasser
50 g frische Apfelstückchen
3 - 4 EL Honig-Tapiokaperlen
1 EL Honig (oder mehr nach Geschmack)
Eiswürfel

Nährwerte p. P.

Kalorien: 180
Kohlenhydrate: 45 g
Fett: 0 g
Eiweiß: 0 g

1 Zuerst die Honig-Tapiokaperlen gemäß der Anleitung auf der Verpackung zubereiten.

2 Erhitzen Sie 200 ml Wasser bis zum Siedepunkt und lassen Sie anschließend einen Teebeutel Zitronenmelissentee sowie einen Teebeutel Kamillentee jeweils 6 - 8 Minuten lang ziehen, um deren wohltuende Essenzen freizusetzen.

3 Nachdem Sie die Teebeutel entfernt haben, geben Sie 1 Esslöffel Honig in den noch warmen Tee, um eine zarte Süße hinzuzufügen.

4 Legen Sie die vorbereiteten Honig-Tapiokaperlen und die frisch geschnittenen Apfelstückchen in ein großes Glas.

5 Füllen Sie das Glas mit Eiswürfeln und gießen Sie den aromatischen Tee darüber.

Kreative Tee- & Kaffeevarianten

GREEN MATCHA

1 Glas

20 Min.

Einfach

Zutaten

1 TL Matcha + 50 ml heißes Wasser
5 EL Tapiokaperlen + 800 ml Wasser
400 ml Milch
1 EL Ahornsirup
Eiswürfel

Nährwerte p. P.

Kalorien: 216
Kohlenhydrate: 28 g
Fett: 8 g
Eiweiß: 7 g

1 Verrühren Sie das heiße Wasser und das Matchapulver in einer kleinen Schale.

2 800 ml Wasser zum Kochen bringen, Tapiokaperlen dazugeben und 10 Minuten durchziehen lassen. Herausholen und abkühlen lassen.

3 Süßen Sie die Tapiokaperlen mit Ahornsirup und füllen Sie diese, zusammen mit den Eiswürfeln, in ein hohes Glas.

4 Mit Matchatee und Milch übergießen.

BLACK-COFFEE-TEA

1 Glas

30 Min.

Einfach

Zutaten

1 Teebeutel Schwarztee
150 ml Wasser
50 ml Filterkaffee
50 ml Milch
5 EL Tapiokaperlen
1 EL brauner Zucker
Eiswürfel

Nährwerte p. P.

Kalorien: 84
Kohlenhydrate: 17 g
Fett: 1 g
Eiweiß: 1 g

1 Bereiten Sie die Tapiokaperlen nach Packungsanweisung vor und füllen diese in ein hohes Glas.

2 Kochen Sie den Filterkaffee.

3 Bringen Sie 150 ml Wasser zum Kochen und lassen Sie den Schwarztee etwa 3 bis 4 Minuten ziehen. Süßen Sie den Tee mit braunem Zucker.

4 Vermengen Sie die Eiswürfel, den Filterkaffee, die Milch und den Schwarztee in einem Shaker und schütteln Sie alles gründlich durch.

5 Gießen Sie den Coffee-Tea über die Tapiokaperlen.

VANILLE-LATTE

1 Glas

15 Min.

Einfach

Zutaten

200 ml Filterkaffee
150 ml Vanillemilch (z. B. Soja-Vanille von Alpro)
5 EL Popping Boba (Kaffeegeschmack und/oder Vanillegeschmack)
1 EL Kaffeesirup

Nährwerte p. P.

Kalorien: 185
Kohlenhydrate: 40 g
Fett: 1 g
Eiweiß: 3 g

1 Kochen Sie den Filterkaffee.

2 Füllen Sie die Popping Boba in ein hohes Glas und geben Sie den Kaffeesirup dazu.

3 Gießen Sie den Filterkaffee und die Vanillemilch dazu.

4 Entweder warm oder gekühlt genießen.

FRISCHER GRANATAPFEL-MINZ-TEE

1 Glas

10 Min.

Einfach

Zutaten

1 EL loser Granatapfeltee
3 Stiele frische Minze
250 ml Wasser
100 ml Granatapfelsaft
3 EL Granatapfelkerne
1 EL Minzsirup

Nährwerte p. P.

Kalorien: 105
Kohlenhydrate: 24 g
Fett: 0,5 g
Eiweiß: 0,7 g

1 Kochen Sie 250 ml Wasser auf und gießen es über die frische Minze und den Granatapfeltee. Lassen Sie das Ganze etwa 5 Minuten ziehen und gießen den Tee über einem Sieb ab.

2 Vermengen Sie die Granatapfelkerne mit dem Minzsirup und füllen diese in ein hohes Glas.

3 Gießen Sie den Tee und den Granatapfelsaft über die Granatapfelkerne.

4 Toppen Sie das Getränk mit etwas frischer Minze.

CREMIGER AVOCADO-TEE

1 Glas

35 Min.

Einfach

Zutaten

2 Avocados
1 Teebeutel Grüntee
250 ml Wasser
50 ml süße Kondensmilch
5 EL Tapiokaperlen
Eiswürfel

Nährwerte p. P.

Kalorien: 492
Kohlenhydrate: 34 g
Fett: 35 g
Eiweiß: 6 g

1 Bereiten Sie die Tapiokaperlen nach Packungsanweisung vor.

2 Zerkleinern Sie die Avocados und vermixen diese mit der Kondensmilch in einem Standmixer.

3 250 ml Wasser kochen und den Grüntee darin 3 - 4 Minuten ziehen lassen.

4 Tapiokaperlen und Eiswürfel in ein hohes Glas füllen.

5 Avocado-Masse und Grüntee dazugießen.

TARO TEA

1 Glas

10 Min.

Einfach

Zutaten

3 EL Taro-Pulver
3 EL Milch
300 ml Wasser
1 EL Rohrohrzucker
5 EL Popping Boba
(Blaubeergeschmack)

Nährwerte p. P.

Kalorien: 250
Kohlenhydrate: 60 g
Fett: 2 g
Eiweiß: 2 g

1 Füllen Sie die Popping Boba in ein hohes Glas.

2 Vermixen Sie das Taro-Pulver, Milch, Wasser und Rohrohrzucker in einem Standmixer und gießen das Getränk über die Popping Boba.

Info: Taro ist eine Wurzelpflanze aus Colocasia Esculenta. Sie hat meist eine violette Farbe, aber sie kommt auch in Weiß oder Pink vor. Die essbare Knolle ist mittlerweile auf der ganzen Welt bekannt und eine hawaiianische Legende besagt, dass diese Knolle an der Erschaffung der Menschheit beteiligt war. Aber Vorsicht: In roher Form ist Taro giftig, aber richtig zubereitet, ist es eine wahre Medizin, die viele wertvolle Vitamine und Mineralien beinhaltet. Aufgrund der Farbe wird es für Getränke auch sehr gerne verwendet.

MANDEL-MOKKA

1 Glas

15 Min.

Einfach

Zutaten

200 ml kalter Mokka
150 ml Mandelmilch
5 EL Tapiokaperlen
1 EL brauner Zucker
Eiswürfel

Nährwerte p. P.

Kalorien: 171
Kohlenhydrate: 41 g
Fett: 0,1 g
Eiweiß: 0,5 g

1 Brühen Sie 200 ml Mokka frisch auf und lassen ihn abkühlen.

2 Die Tapiokaperlen und die Eiswürfel in ein hohes Glas füllen.

3 Gießen Sie den abgekühlten Mokka und die Mandelmilch dazu.

4 Den braunen Zucker unterrühren und den Energiekick genießen.

Tea with sweets, chocolate & nuts

SCHOKOLADIGE VERSUCHUNG

1 Glas

15 Min.

Einfach

Zutaten

1 Teebeutel (mit Kakaogeschmack)
250 ml Wasser
250 ml Milch
2 EL Schokoladensirup
3 EL Tapiokaperlen
Eiswürfel

Nährwerte p. P.

Kalorien: 300
Kohlenhydrate: 58 g
Fett: 5 g
Eiweiß: 5 g

1 Bereiten Sie die Tapiokaperlen nach Packungsanweisung vor und füllen diese in ein hohes Glas.

2 Kochen Sie 250 ml Wasser auf und lassen den Tee 5 Minuten ziehen.

3 Eiswürfel zu den Tapiokaperlen ins Glas füllen.

4 Mit Tee und Milch übergießen.

5 Rühren Sie den Schokoladensirup hinein und genießen ihn sofort.

SALZIGES KARAMELL

10 Min.

Einfach

Zutaten

1 Teebeutel Schwarztee
150 ml Wasser
250 ml Milch
2 EL Karamellsirup
3 - 4 EL Popping Boba (Karamellgeschmack)
¼ TL Meersalz
Eiswürfel

Nährwerte p. P.

Kalorien: 203
Kohlenhydrate: 35 g
Fett: 5 g
Eiweiß: 4 g

1 Kochen Sie das Wasser auf und lassen den Schwarztee etwa 5 Minuten ziehen.

2 Die Popping Boba und die Eiswürfel in ein hohes Glas füllen.

3 Schwarztee und Milch dazugießen und mit Meersalz und Karamellsirup abschmecken.

MACADAMIA-KOKOS

1 Glas

15 Min.

Einfach

Zutaten

1 Teebeutel Schwarztee
150 ml heißes Wasser
250 ml Milch
2 EL Macadamia-Creme
3 - 4 EL Popping Boba (mit Kokosgeschmack)
1 EL Kokosblütenzucker
Eiswürfel

Nährwerte p. P.

Kalorien: 304
Kohlenhydrate: 34 g
Fett: 16 g
Eiweiß: 5 g

1 Gießen Sie den Schwarztee mit 150 ml heißem Wasser auf und lassen ihn für etwa 5 Minuten ziehen.

2 Kochen Sie währenddessen die Milch auf mittlerer Hitze auf und rühren die Macadamia-Creme mit ein.

3 Schwarztee und Macadamia-Milch abkühlen lassen.

4 Eiswürfel und Popping Boba in ein hohes Glas füllen.

5 Gießen Sie die Milch und den Schwarztee dazu und süßen das Getränk mit Kokosblütenzucker.

OREO-VANILLE

1 Glas

15 Min.

Einfach

Zutaten

1 Teebeutel Schwarztee
150 ml heißes Wasser
250 ml Vanillemilch
3 - 4 EL Popping Boba
(mit Vanillegeschmack)
1 EL Zucker
2 - 3 Oreokekse
Sprühsahne
Eiswürfel

Nährwerte p. P.

Kalorien: 329
Kohlenhydrate: 56 g
Fett: 9 g
Eiweiß: 5 g

1 Gießen Sie den Schwarztee mit 150 ml heißem Wasser auf und lassen ihn 5 Minuten ziehen.

2 Popping Boba und Eiswürfel in ein hohes Glas füllen.

3 Übergießen Sie alles mit Vanillemilch und Schwarztee.

4 Sprühsahne auf das Getränk sprühen, Oreokekse zerkleinern und als Topping obendrüber streuen.

Warme Bubble Teas

HOT LITSCHI

1 Glas

10 Min.

Einfach

Zutaten

1 EL weißer Tee
250 ml Wasser
2 EL Litschisaft
3 - 4 EL Popping Boba (Litschigeschmack)

Nährwerte p. P.

Kalorien: 120
Kohlenhydrate: 29 g
Fett: 0 g
Eiweiß: 0 g

1 Kochen Sie 250 ml Wasser auf und übergießen damit den weißen Tee. Lassen Sie diesen etwa 5 - 7 Minuten ziehen und gießen den Tee durch ein Sieb.

2 Füllen Sie die Popping Boba in ein hohes Glas und gießen den weißen Tee und den Litschisaft dazu.

3 Den Tee noch heiß genießen.

LAVENDEL-MILCH-TEE

1 Glas

15 Min.

Einfach

Zutaten

1 EL getrocknete Lavendelblüten
250 ml Wasser
250 ml Milch oder eine pflanzliche Alternative
2 EL Zucker oder Honig (nach Geschmack)
3 - 4 EL Tapiokaperlen

Nährwerte p. P.

Kalorien: 220
Kohlenhydrate: 34 g
Fett: 5 g
Eiweiß: 8 g

1 Kochen Sie 250 ml Wasser auf und geben Sie die getrockneten Lavendelblüten hinzu. Lassen Sie diese etwa 5 Minuten ziehen, um einen intensiven Lavendeltee zu erhalten. Anschließend filtern Sie die Blüten mithilfe eines Siebs aus dem Tee heraus.

2 Bereiten Sie die Tapiokaperlen gemäß der Packungsanleitung zu. Nachdem sie fertig gekocht sind, spülen Sie sie unter warmem Wasser ab, um überschüssige Stärke zu entfernen, und geben sie dann in ein hohes Glas.

3 Erhitzen Sie die Milch vorsichtig in einem Topf und lösen Sie den Zucker oder Honig darin auf. Die Milch sollte heiß, aber nicht kochend sein, um die perfekte Temperatur für den warmen Bubble Tea zu erreichen.

4 Gießen Sie den heißen Lavendeltee zusammen mit der süßen Milch über die Tapiokaperlen im Glas.

5 Rühren Sie den Bubble Tea gut um, damit sich die Aromen von Lavendel und Milch schön verbinden.

SWEET PAPAYA

1 Glas

20 Min.

Einfach

Zutaten

200 ml Wasser
1 Beutel Schwarztee
100 ml Papayasaft
2 EL Honig nach Bedarf
3 - 4 EL Tapiokaperlen
50 ml warme Milch oder eine pflanzliche Alternative
Einige Stücke reife Papaya zur Dekoration

Nährwerte p. P.

Kalorien: 230
Kohlenhydrate: 36 g
Fett: 4 g
Eiweiß: 4 g

1 Erhitzen Sie das Wasser in einem Topf bis zum Siedepunkt und lassen Sie den Beutel Schwarztee darin für etwa 3 - 5 Minuten ziehen, um eine starke Teebasis zu erhalten. Entfernen Sie anschließend den Teebeutel.

2 Während der Tee zieht, kochen Sie die Tapiokaperlen nach der Anleitung auf der Verpackung. Nach dem Kochen spülen Sie sie mit warmem Wasser ab und legen sie in ein hitzebeständiges Glas.

3 Erwärmen Sie den Papayasaft leicht in einem Topf und lösen Sie darin den Honig auf, bis eine homogene süße Flüssigkeit entsteht.

4 Gießen Sie den warmen, gesüßten Papayasaft und die warme Milch in das Glas mit den Tapiokaperlen und fügen Sie schließlich den heißen Tee hinzu.

5 Vermischen Sie alle Zutaten vorsichtig im Glas und garnieren Sie den Bubble Tea mit einigen frischen Papayastücken.

Vegane Bubble Teas

CLASSIC VEGAN

1 Glas

30 Min.

Einfach

Zutaten

1 Teebeutel Schwarztee
150 ml Wasser
350 ml Hafermilch Barista
5 EL Tapiokaperlen
1 EL Vanillemark
1 EL brauner Zucker

Nährwerte p. P.

Kalorien: 152
Kohlenhydrate: 30 g
Fett: 3 g
Eiweiß: 1 g

1 Bereiten Sie die Tapiokaperlen nach Packungsanweisung zu und vermengen Sie die fertigen Perlen mit Vanillemark.

2 Kochen Sie 150 ml Wasser auf und lassen den Schwarztee 5 Minuten ziehen. Süßen Sie diesen mit braunem Zucker.

3 Tapiokaperlen in ein hohes Glas füllen.

4 Hafermilch Barista mit einem Milchaufschäumer aufschäumen und zusammen mit dem Schwarztee über die Tapiokaperlen gießen.

ROSE-STRAWBERRY

1 Glas

30 Min.

Einfach

Zutaten

100 g Erdbeeren
2 Teebeutel (mit Rosengeschmack)
350 ml Mandelmilch
1 TL Vanillemark
2 EL Ahornsirup
5 EL Tapiokaperlen

Nährwerte p. P.

Kalorien: 320
Kohlenhydrate: 62 g
Fett: 3 g
Eiweiß: 2 g

1 Bereiten Sie die Tapiokaperlen nach Packungsanweisung zu und süßen Sie diese mit Ahornsirup.

2 Die Mandelmilch zum Kochen bringen, die Teebeutel dazugeben und 5 Minuten ziehen bzw. weiterköcheln lassen.

3 Waschen Sie die Erdbeeren gründlich ab, entfernen Sie das Grün und geben diese zusammen mit der Mandelmilch und dem Vanillemark in den Standmixer. Vermixen Sie die Zutaten zu einer glatten Masse.

4 Die Tapiokaperlen in ein hohes Glas füllen und mit der Rosen-Mandelmilch übergießen.

MARSHMALLOW-TEA

2 Port.

1 Std.

Mittel

Zutaten

Für die Sesambällchen:

10 g brauner Zucker
35 g Klebereismehl
20 g schwarzer Sesam
20 ml warmes Wasser
15 g Erdnussbutter
2 kurze Schaschlikspieße

Für die Marshmallowcreme:

40 g Puderzucker
½ TL Matcha
2 Päckchen Vanillinzucker
½ TL Weinstein
90 ml Flüssigkeit aus einer Dose Kichererbsen (Aquafaba)

Für den Milk Tea:

1 ½ EL brauner Zucker
225 ml Hafermilch
1 reife Avocado
8 g Ingwer
3 EL Haferflocken
1 TL Matcha
Eiswürfel

Nährwerte p. P.

Kalorien: 330
Kohlenhydrate: 54 g
Fett: 11 g
Eiweiß: 7 g

1 Beginnen Sie mit den Sesambällchen. Rösten Sie den schwarzen Sesam an, lassen Sie ihn abkühlen und mahlen Sie ihn dann fein. Mischen Sie ihn mit braunem Zucker und Erdnussbutter, um eine formbare Masse zu erhalten. Formen Sie kleine Bällchen daraus.

2 Für den Teig mischen Sie das Klebereismehl mit warmem Wasser, bis eine geschmeidige Masse entsteht. Lassen Sie diese 30 Minuten ruhen. Rollen Sie den Teig dann aus und formen Sie flache Kreise. Geben Sie jeweils eine Füllung hinein, ummanteln Sie diese mit Teig und formen Sie glatte Kugeln. Kochen Sie die Bällchen in kochendem Wasser, bis sie an der Oberfläche schwimmen, und stecken Sie dann jeweils drei auf einen Schaschlikspieß.

3 Für die Marshmallowcreme schlagen Sie das Aquafaba mit Weinstein auf, fügen Sie Puderzucker, Vanillinzucker und Matcha hinzu und schlagen Sie weiter, bis die Masse steif ist.

4 Für den Milk Tea zerdrücken Sie das Avocadofruchtfleisch und mischen es mit Haferflocken, fein geriebenem Ingwer und Zucker. Verteilen Sie die Mischung auf zwei Gläser, geben Sie Hafermilch und Eiswürfel dazu und löffeln Sie die Marshmallowcreme obenauf.

5 Garnieren Sie jedes Glas mit den vorbereiteten Sesambällchen und bestäuben Sie es leicht mit Matcha.

PASSIONSFRUCHT-MANDEL

1 Glas

20 Min.

Einfach

Zutaten

200 ml Mandelmilch
100 ml Passionsfrucht-saft
2 EL Tapiokaperlen
1 EL Ahornsirup nach Geschmack
½ TL Vanilleextrakt

Nährwerte p. P.

Kalorien: 200
Kohlenhydrate: 38 g
Fett: 4 g
Eiweiß: 3 g

1 Bereiten Sie die Tapiokaperlen gemäß der Anleitung auf der Verpackung zu. Nach dem Kochen spülen Sie die Perlen unter warmem Wasser ab und stellen sie zur Seite.

2 Erhitzen Sie in einem Topf die Mandelmilch zusammen mit dem Passionsfruchtsaft auf eine angenehme Trinktemperatur. Es ist wichtig, dass diese Mischung nicht kocht, sondern lediglich erwärmt wird, um die Aromen zu erhalten und eine harmonische Verbindung der Zutaten zu ermöglichen.

3 Süßen Sie die Mischung mit Ahornsirup nach Ihrem Geschmack und verfeinern Sie sie mit Vanilleextrakt, der eine sanfte, aromatische Note hinzufügt.

4 Füllen Sie die vorbereiteten, noch warmen Tapiokaperlen in ein hitzebeständiges Glas.

5 Gießen Sie die erwärmte Passionsfrucht-Mandelmilch über die Tapiokaperlen.

Cocktails & Mocktails with bubbles

ALKOHOLFREI |

BLAUE LAGUNE

Zutaten

200 ml Kokoswasser
50 ml Blaubeersaft
1 EL blauer Curaçao-Sirup (alkoholfrei)
3 - 4 EL Tapiokaperlen
Eiswürfel
Einige frische Blaubeeren zur Dekoration

Nährwerte p. P.

Kalorien: 150
Kohlenhydrate: 35 g
Fett: 0 g
Eiweiß: 0 g

1 Bereiten Sie die Tapiokaperlen nach der Packungsanweisung vor. Sobald diese fertig sind, spülen Sie sie unter kaltem Wasser ab und legen sie in ein hohes Glas.

2 Füllen Sie das Glas mit Eiswürfeln bis zur gewünschten Menge.

3 Gießen Sie das Kokoswasser vorsichtig in das Glas über die Eiswürfel und Tapiokaperlen.

4 Fügen Sie den Blaubeersaft und den blauen Curaçao-Sirup hinzu. Der Sirup verleiht dem Getränk nicht nur seine charakteristisch leuchtend blaue Farbe, sondern auch einen Hauch von exotischem Aroma.

5 Rühren Sie den Mocktail vorsichtig um, damit sich die Aromen und Farben gleichmäßig verteilen.

6 Garnieren Sie das Getränk mit einigen frischen Blaubeeren.

MELONEN MOCKTAIL

1 Glas 20 Min. Einfach

Zutaten

150 ml Wassermelonensaft
100 ml grüner Tee (gekühlt)
1 EL Limettensaft
2 EL Honig oder Agavensirup
4 EL Tapiokaperlen
Eiswürfel
Wassermelonenstücke und Minzblätter zur Garnierung

Nährwerte p. P.

Kalorien: 180
Kohlenhydrate: 42 g
Fett: 0,5 g
Eiweiß: 1 g

1 Beginnen Sie mit dem Kochen der Tapiokaperlen entsprechend der Anleitung auf ihrer Verpackung. Nachdem sie gar sind, spülen Sie sie mit kaltem Wasser ab und stellen sie beiseite.

2 Kombinieren Sie in einem Mixer den Wassermelonensaft, den gekühlten grünen Tee und Limettensaft. Fügen Sie Honig oder Agavensirup hinzu, um die Mischung nach Ihrem Geschmack zu süßen.

3 Füllen Sie ein hohes Glas zur Hälfte mit Eiswürfeln und geben Sie die vorbereiteten Tapiokaperlen darüber.

4 Gießen Sie die gemischte Melonen-Tee-Flüssigkeit vorsichtig in das Glas über die Eiswürfel und Tapiokaperlen.

5 Dekorieren Sie den Mocktail mit frischen Wassermelonenstücken und einem Zweig Minze.

MINT-MILK

1 Glas 15 Min. Einfach

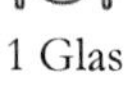

Zutaten

250 ml Mandelmilch
1 Handvoll frische Minzblätter
2 EL Zucker nach Geschmack
4 EL Tapiokaperlen
Eiswürfel
Einige Minzblätter zur Dekoration

Nährwerte p. P.

Kalorien: 190
Kohlenhydrate: 36 g
Fett: 3 g
Eiweiß: 4 g

1 Zuerst kochen Sie die Tapiokaperlen gemäß den Angaben auf der Verpackung. Nach dem Kochen spülen Sie diese gründlich unter kaltem Wasser ab und legen sie dann in ein geeignetes Glas.

2 Nehmen Sie einen kleinen Topf und erwärmen Sie darin die Mandelmilch bei niedriger Hitze. Es ist wichtig, dass die Milch warm wird, aber nicht zum Kochen kommt, um den feinen Geschmack zu bewahren.

3 Hacken Sie die Minzblätter grob und geben Sie sie in die warme Mandelmilch. Lassen Sie die Minze für etwa 5 Minuten ziehen, damit sich die Aromen voll entfalten können.

4 Seihen Sie die Minzblätter ab und süßen Sie die Milch mit Zucker nach Ihrem Geschmack.

5 Gießen Sie die aromatisierte warme Minzmilch über die Tapiokaperlen im Glas.

6 Fügen Sie einige Eiswürfel hinzu, um den Drink auf eine angenehme Trinktemperatur zu bringen, falls gewünscht.

7 Garnieren Sie den Mocktail mit frischen Minzblättern.

ALKOHOLFREI |

GRANATAPFEL GIN

1 Glas

20 Min.

Einfach

Zutaten

200 ml Granatapfelsaft
1 EL Limettensaft
50 ml Tonic Water (alkoholfrei)
3 - 4 EL Popping Boba (Granatapfelgeschmack)
Eiswürfel
Einige Granatapfelkerne zur Dekoration
Eine Limettenscheibe zur Dekoration

Nährwerte p. P.

Kalorien: 160
Kohlenhydrate: 39 g
Fett: 0 g
Eiweiß: 1 g

1 Platzieren Sie die Popping Boba mit Granatapfelgeschmack direkt in ein hohes Glas.

2 Kombinieren Sie in einem separaten Behälter den Granatapfelsaft mit Limettensaft. Rühren oder schütteln Sie kräftig, um sicherzustellen, dass sich die Aromen gut miteinander verbinden.

3 Füllen Sie das Glas über die Popping Boba mit Eiswürfeln auf.

4 Gießen Sie anschließend die Saftmischung vorsichtig in das Glas über die Eiswürfel und die Boba.

5 Ergänzen Sie das Getränk behutsam mit Tonic Water, um ihm eine zusätzliche spritzige Komponente zu verleihen.

6 Verzieren Sie den Mocktail mit frischen Granatapfelkernen und einer Scheibe Limette am Rand des Glases.

BANANA-DREAM

 1 Glas

 15 Min.

 Einfach

Zutaten

1 reife Banane
250 ml Mandelmilch
2 EL Honig oder Agavendicksaft
½ TL Zimt
4 EL Popping Boba (Bananengeschmack)
Eiswürfel
1 Prise gemahlene Vanille oder Vanilleextrakt

Nährwerte p. P.

Kalorien: 210
Kohlenhydrate: 48 g
Fett: 1 g
Eiweiß: 2 g

1 Zuerst die Banane schälen und in Stücke schneiden. Geben Sie die Bananenstücke zusammen mit der Mandelmilch, Honig (oder Agavendicksaft), Zimt und der Vanille in einen Mixer. Mixen Sie alles, bis eine glatte und homogene Flüssigkeit entsteht.

2 Nehmen Sie ein großes Glas und füllen Sie die Popping Boba mit Bananengeschmack hinein.

3 Geben Sie einige Eiswürfel über die Popping Boba, um das Getränk zu kühlen.

4 Gießen Sie die gemixte Bananen-Mandelmilch-Mischung vorsichtig in das Glas, sodass sich die Schichten von Flüssigkeit und Boba ansprechend absetzen.

5 Rühren Sie den Mocktail leicht um, um die Popping Boba gleichmäßig zu verteilen.

ALKOHOLFREI |

MOJITO SODA

1 Glas 15 Min. Einfach

Zutaten

200 ml Sodawasser
2 EL Limettensaft
2 EL Zucker oder Agavendicksaft
10 frische Minzblätter
4 EL Popping Boba (Limetten- oder Minzgeschmack)
Eiswürfel
Einige Minzblätter und eine Limettenscheibe zur Dekoration

Nährwerte p. P.

Kalorien: 120
Kohlenhydrate: 28 g
Fett: 0 g
Eiweiß: 0 g

1 Nehmen Sie die Minzblätter und muddeln Sie diese leicht in einem Glas, um die Aromen freizusetzen. Fügen Sie den Zucker oder Agavendicksaft hinzu und rühren Sie um, bis sich der Süßstoff aufgelöst hat.

2 Geben Sie die Popping Boba mit Limetten- oder Minzgeschmack in das Glas.

3 Füllen Sie das Glas mit Eiswürfeln auf.

4 Gießen Sie den frisch gepressten Limettensaft und das Sodawasser hinzu und rühren Sie vorsichtig um, damit sich alle Zutaten gut vermischen.

5 Garnieren Sie den Mocktail mit einigen frischen Minzblättern und einer Limettenscheibe am Rand des Glases.

PIÑA COLADA

1 Glas 20 Min. Einfach

Zutaten

50 ml weißer Rum
100 ml Kokosmilch
100 ml Ananassaft
2 EL Kokosnuss-Sirup
4 EL Popping Boba (Piña-Colada-Geschmack)
Eiswürfel
Ananasstücke zur Dekoration
Eine Maraschino-Kirsche zur Dekoration

Nährwerte p. P.

Kalorien: 250
Kohlenhydrate: 35 g
Fett: 1 g
Eiweiß: 1 g

1 Füllen Sie die Popping Boba mit Piña-Colada-Geschmack in ein großes Cocktailglas.

2 Vermengen Sie den weißen Rum, die Kokosmilch, den Ananassaft und den Kokosnuss-Sirup in einem Shaker mit einer ausreichenden Menge an Eiswürfeln. Kräftig schütteln, um alle Zutaten gut zu kühlen und zu vermischen.

3 Gießen Sie die Mischung durch ein Sieb in das Glas über die Popping Boba, um Eisstückchen und überschüssige Fruchtfasern zurückzuhalten.

4 Dekorieren Sie den Drink mit frischen Ananasstücken und einer Maraschino-Kirsche am Rand des Glases.

TEQUILA SUNRISE

1 Glas

15 Min.

Einfach

Zutaten

50 ml Tequila
150 ml Orangensaft
2 EL Grenadine-Sirup
4 EL Popping Boba (Orangengeschmack)
Eiswürfel
Eine Orangenscheibe zur Dekoration
Eine Kirsche zur Dekoration

Nährwerte p. P.

Kalorien: 220
Kohlenhydrate: 33 g
Fett: 0 g
Eiweiß: 0 g

1 Platzieren Sie die Popping Boba mit Orangengeschmack als erste Schicht in einem hohen Cocktailglas.

2 Füllen Sie das Glas anschließend mit Eiswürfeln, um eine kühle Basis für den Cocktail zu schaffen.

3 Gießen Sie den Tequila vorsichtig über das Eis und fügen Sie den frisch gepressten Orangensaft hinzu. Vermischen Sie beide Flüssigkeiten sanft miteinander.

4 Lassen Sie den Grenadine-Sirup langsam ins Glas fließen, sodass er sich am Boden absetzt und einen schönen Farbverlauf erzeugt, der an einen Sonnenaufgang erinnert.

5 Garnieren Sie den Cocktail mit einer frischen Orangenscheibe und einer Kirsche am Glasrand.

LONG ISLAND ICE TEA

1 Glas

20 Min.

Mittel

Zutaten

15 ml Wodka
15 ml Tequila
15 ml weißer Rum
15 ml Gin
15 ml Triple Sec
30 ml Zitronensaft
2 EL Zucker nach Geschmack
100 ml Cola
4 EL Popping Boba (Zitrusgeschmack)
Eiswürfel
Eine Zitronenscheibe zur Dekoration

Nährwerte p. P.

Kalorien: 300
Kohlenhydrate: 35 g
Fett: 0 g
Eiweiß: 0 g

1 Platzieren Sie die Popping Boba mit Zitrusgeschmack auf dem Boden eines hohen Glases.

2 Füllen Sie das Glas bis zur Hälfte mit Eiswürfeln, um eine kühle und erfrischende Basis zu schaffen.

3 Kombinieren Sie Wodka, Tequila, weißen Rum, Gin, Triple Sec, Zitronensaft und Zucker in einem Cocktailshaker mit einigen Eiswürfeln. Kräftig schütteln, bis die Mischung gut gekühlt ist.

4 Seihen Sie die Mischung über die Eiswürfel und Popping Boba in das vorbereitete Glas.

5 Füllen Sie den Cocktail mit Cola auf, um den charakteristischen Geschmack des Long Island Ice Teas zu vervollständigen und ihm eine dunkle Färbung zu verleihen.

6 Garnieren Sie den Drink mit einer Scheibe Zitrone am Rand des Glases.

CUBA LIBRE

1 Glas

10 Min.

Einfach

Zutaten

50 ml dunkler Rum
120 ml Cola
2 EL Limettensaft
4 EL Popping Boba (Cola-Geschmack)
Eiswürfel
Eine Limettenscheibe und ein kleines Minzblatt zur Dekoration

Nährwerte p. P.

Kalorien: 180
Kohlenhydrate: 22 g
Fett: 0 g
Eiweiß: 0 g

1 Beginnen Sie mit der Platzierung der Popping Boba mit Cola-Geschmack am Boden eines langen Cocktailglases. Diese speziellen Boba fügen dem Drink eine zusätzliche Dimension des Cola-Geschmacks bei und sorgen für ein interessantes Geschmackserlebnis.

2 Füllen Sie das Glas bis zum Rand mit Eiswürfeln, um die Basis für den Cocktail zu schaffen.

3 Gießen Sie den dunklen Rum vorsichtig über das Eis. Der Rum sorgt für die charakteristische Tiefe und Wärme des Cuba Libre.

4 Ergänzen Sie den Drink mit frisch gepresstem Limettensaft, um eine frische, zitrusartige Note hinzuzufügen.

5 Vervollständigen Sie den Cocktail mit Cola, die dem Drink seine klassische Süße und den erfrischenden Geschmack verleiht.

6 Rühren Sie den Cocktail leicht um, damit sich die Aromen von Rum, Cola und Limettensaft harmonisch verbinden.

7 Dekorieren Sie das Glas mit einer Limettenscheibe am Rand und legen Sie ein Minzblatt als optischen Akzent obenauf.

SNOW MARGARITA

1 Glas

15 Min.

Einfach

Zutaten

50 ml Tequila
30 ml Limettensaft
20 ml Triple Sec
2 EL Agavensirup nach Geschmack
4 EL Popping Boba (Limettengeschmack)
Eiswürfel
Salz für den Glasrand
Eine Limettenscheibe zur Dekoration

Nährwerte p. P.

Kalorien: 200
Kohlenhydrate: 24 g
Fett: 0 g
Eiweiß: 0 g

1 Bereiten Sie das Cocktailglas vor, indem Sie den Rand mit Limettensaft befeuchten und anschließend in Salz tauchen, um einen klassischen Margarita-Look zu erzielen.

2 Füllen Sie die Popping Boba mit Limettengeschmack in das vorbereitete Glas. Diese geben dem Cocktail nicht nur eine zusätzliche Geschmacksdimension, sondern sorgen auch für ein visuell ansprechendes Element.

3 In einem Shaker vermengen Sie Tequila, Limettensaft, Triple Sec und Agavensirup mit einer großzügigen Portion Eiswürfeln. Schütteln Sie kräftig, um eine gleichmäßige Kühlung und Vermischung der Zutaten zu gewährleisten.

4 Füllen Sie den Shaker-Inhalt durch ein Sieb in das Glas, um überschüssige Eisstücke fernzuhalten.

5 Garnieren Sie den Rand des Glases mit einer frischen Limettenscheibe als optisches Highlight.

Bubble Tea für Kinder

SÜẞIGKEITEN-TEE

1 Glas

10 Min.

Einfach

Zutaten

1 Teebeutel Fruchttee nach Wahl (Lieblingstee von Ihrem Kind)
300 ml Wasser
1 EL Honig
3 Erdbeeren
Zucker (für den Rand)
1 Handvoll Fruchtgummis + 1 Schaschlikspieß

Nährwerte p. P.

Kalorien: 120
Kohlenhydrate: 30 g
Fett: 0 g
Eiweiß: 1 g

1 Kochen Sie 300 ml Wasser auf und lassen den Früchtetee 5 Minuten ziehen und süßen ihn mit Honig.

2 Stellen Sie den Tee in den Kühlschrank, bis er vollständig abgekühlt ist.

3 Befeuchten Sie den Rand eines Glases und wälzen es in Zucker.

4 Die Fruchtgummis auf den Schaschlikspieß stecken.

5 Füllen Sie den Tee in das gezuckerte Glas, schneiden Sie die Erdbeeren klein und geben diese als Bubble-Ersatz dazu.

6 Toppen Sie das Getränk mit dem Fruchtgummi-Spieß.

APFEL-ZAUBER

1 Glas

15 Min.

Einfach

Zutaten

200 ml Apfelsaft
100 ml Wasser
1 Teebeutel Kamillentee
1 EL Agavendicksaft
4 EL Fruchtgummis in Apfelform auf einem Schaschlikspieß
Eiswürfel

Nährwerte p. P.

Kalorien: 130
Kohlenhydrate: 32 g
Fett: 0 g
Eiweiß: 0 g

1 Erhitzen Sie das Wasser in einem kleinen Topf und gießen Sie es über den Kamillenteebeutel. Lassen Sie den Tee 5 Minuten ziehen, um die beruhigenden Aromen freizusetzen.

2 Entfernen Sie den Teebeutel und süßen Sie den Kamillentee mit Agavendicksaft. Lassen Sie ihn anschließend abkühlen.

3 Mischen Sie den abgekühlten Kamillentee mit dem Apfelsaft. Wenn Sie möchten, können Sie diese Mischung für eine Weile in den Kühlschrank stellen, um sie zusätzlich zu kühlen.

4 Bereiten Sie ein hohes Glas vor und füllen Sie es mit Eiswürfeln.

5 Gießen Sie die Kamillentee-Apfelsaft-Mischung über das Eis.

6 Stecken Sie die Fruchtgummis in Apfelform auf einen Schaschlikspieß und legen Sie diesen als fröhliche Dekoration ins Glas.

TROPISCHER MANGO-MIX

1 Glas

15 Min.

Einfach

Zutaten

200 ml Mangosaft
100 ml Kokoswasser
1 EL Kokosnuss-Sirup
4 EL Popping Boba (Mango)
Eiswürfel
Ein Stück frische Mango zur Garnitur
Ein kleines Schirmchen zur Dekoration

Nährwerte p. P.

Kalorien: 140
Kohlenhydrate: 34 g
Fett: 0 g
Eiweiß: 0 g

1 Vermengen Sie in einem Gefäß Mangosaft, Kokoswasser und Kokosnuss-Sirup gründlich. Ziel ist es, eine harmonische Mischung aus süßen und tropischen Aromen zu erzielen.

2 Stellen Sie die Flüssigkeit in den Kühlschrank, sodass sie durch und durch kalt wird. Dies intensiviert die erfrischenden Eigenschaften des Getränks.

3 Füllen Sie ein großes Glas zur Hälfte mit Eiswürfeln. Die Kälte des Eises bereitet das Glas optimal auf den tropischen Mix vor.

4 Geben Sie die Popping Boba mit Mangogeschmack über das Eis. Diese kleinen Kugeln sind nicht nur ein optisches Highlight, sondern bieten auch ein einzigartiges Geschmackserlebnis.

5 Schütten Sie die gekühlte Mangosaft-Kokoswasser-Mischung vorsichtig in das Glas. Achten Sie darauf, dass die Boba gleichmäßig im Getränk verteilt sind.

6 Garnieren Sie das Getränk mit einem frischen Mangostück am Rand des Glases und setzen Sie das Schirmchen als dekoratives Element obenauf.

Desserts

TAPIOKA-KOKOS-DESSERT

1 Glas

30 Min.

Einfach

Zutaten

60 g Tapiokaperlen
500 ml Wasser
120 ml Kokosmilch
75 g Zucker
Abgeriebene Schale einer Bio-Orange
2 Orangenscheiben zur Dekoration
2 Strohhalme

Nährwerte p. P.

Kalorien: 334
Kohlenhydrate: 67 g
Fett: 12 g
Eiweiß: 2 g

1 Weichen Sie die Tapiokaperlen für etwa 20 Minuten in kaltem Wasser ein. Anschließend das Wasser abgießen.

2 Kochen Sie 500 ml Wasser in einem mittelgroßen Topf auf. Geben Sie die eingeweichten Tapiokaperlen hinzu und kochen Sie sie auf niedriger Hitze, bis sie vollständig transparent sind und eine weiche Konsistenz haben, was etwa 20 Minuten dauern kann.

3 Lösen Sie den Zucker im Kochwasser auf, indem Sie ihn einstreuen und stetig rühren, bis er vollständig aufgelöst ist.

4 Gießen Sie die warme Kokosmilch in die Tapioka-Mischung und rühren Sie um, bis alles gut vermischt ist.

5 Reiben Sie etwas Schale von der Bio-Orange ab und legen Sie sie beiseite.

6 Füllen Sie die Tapioka-Kokos-Mischung in die hohen Gläser und lassen Sie sie leicht abkühlen.

7 Bestreuen Sie jedes Glas mit etwas abgeriebener Orangenschale und garnieren Sie mit einer Orangenscheibe am Rand des Glases.

8 Servieren Sie das Dessert mit einem Strohhalm zum Umrühren und Trinken.

TARO-CUPCAKES

12 Cupcakes

1 Std., 15 Min.

Mittel

Zutaten

Für die Taro-Füllung:

160 g Taro (nach dem Schälen gewogen)
Ca. 40 ml Wasser zum Kochen der Taro
40 g Zucker
2 EL Kokosmilch
1 TL geschmacksneutrales Öl
Optional: lila Lebensmittelfarbe

Für den Teig:

190 g Mehl
2 TL Backpulver
1 EL Stärke
130 g Zucker
150 ml Kokosmilch
100 ml geschmacksneutrales Öl

Für das Frosting:

Restliche Taro-Füllung
100 g Puderzucker
20 g Pflanzenmargarine

Nährwerte p. Cupcake

Kalorien: 282
Kohlenhydrate: 48,7 g
Fett: 13 g
Gesättigtes Fett: 3 g
Eiweiß: 3 g

1 Taro schälen und in Würfel schneiden. In einem Topf mit ca. 40 ml Wasser und geschlossenem Deckel kochen, bis sie weich sind. Bei Bedarf Wasser nachgießen, bis die Taro-Stücke gar sind und das Wasser fast verdampft ist.

2 Herd abschalten, Zucker, Kokosmilch und Öl zur Taro geben und mit einem Pürierstab zu einer glatten Masse verarbeiten. Optional lila Lebensmittelfarbe untermischen.

3 Ofen auf 175 °C Ober-/Unterhitze oder 155 °C Umluft vorheizen.

4 Mehl, Stärke und Backpulver sieben, Zucker zugeben und mit einem Schneebesen vermischen. Öl und Kokosmilch hinzufügen und zu einem glatten Teig verrühren.

5 Etwas Teig in die Muffinförmchen geben, sodass der Boden bedeckt ist. Darauf jeweils einen Löffel Taro-Füllung geben und mit restlichem Teig bedecken.

6 Cupcakes auf mittlerer Schiene 20 – 25 Minuten backen und danach abkühlen lassen.

7 Für das Frosting die übrig gebliebene Taro-Füllung mit Puderzucker und Pflanzenmargarine zu einer streichfähigen Masse vermischen.

8 Das Frosting auf den abgekühlten Cupcakes verteilen.

PISTAZIEN-BUBBLE-TEA-PUDDING

4 Port. | 30 Min. + Kühlzeit | Einfach

Zutaten

500 ml Milch
70 g Zucker
30 g Pistaziencreme
3 TL Agar-Agar als pflanzliches Geliermittel
4 EL bereits zubereitete Tapiokaperlen
Einige gehackte Pistazien für das Finish

Nährwerte p. P.

Kalorien: 180
Kohlenhydrate: 25 g
Fett: 7 g
Eiweiß: 5 g

1 Erwärmen Sie die Milch in einem mittelgroßen Topf bei mittlerer Hitze. Bevor sie zu kochen beginnt, rühren Sie den Zucker und die Pistaziencreme ein, bis beides vollständig in der Milch aufgelöst ist und eine homogene Flüssigkeit entsteht.

2 Streuen Sie das Agar-Agar ein, während Sie kontinuierlich rühren, um sicherzustellen, dass sich keine Klumpen bilden. Lassen Sie die Mischung einige Minuten köcheln, damit das Agar-Agar seine gelierende Wirkung entfalten kann.

3 Nehmen Sie den Topf vom Herd und lassen Sie die Mischung ein wenig abkühlen. Fügen Sie dann die vorgekochten Tapiokaperlen hinzu und verrühren Sie alles vorsichtig.

4 Verteilen Sie die Puddingmischung gleichmäßig auf Dessertschalen oder Gläser und lassen Sie sie abkühlen. Stellen Sie die gefüllten Schalen anschließend für mindestens 2 Stunden in den Kühlschrank, bis der Pudding fest wird.

5 Garnieren Sie den Pistazien-Bubble-Tea-Pudding kurz vor dem Servieren mit gehackten Pistazien, um zusätzliche Textur und ein ansprechendes Aussehen zu verleihen.

MATCHA-KUCHEN MIT TAPIOKAPERLEN UND TEE-GLASUR

1 Kuchen (ca. 12 Stücke)

1 Std.

Mittel

Zutaten

200 g feines Weizenmehl
150 g feiner Zucker
1 TL Backpulver
2 TL Matchapulver
100 ml Pflanzenöl
200 ml Milch
4 EL vorgekochte Tapiokaperlen
Für die Grüntee-Glasur:
150 g Puderzucker
2 - 3 TL stark gebrühter Grüntee (je nach gewünschter Konsistenz)

Nährwerte p. P.

Kalorien: 320
Kohlenhydrate: 45 g
Fett: 12 g
Eiweiß: 5 g

1 Heizen Sie Ihren Ofen auf 180 °C Ober-/Unterhitze vor und fetten Sie eine Kuchenform ein oder legen Sie sie mit Backpapier aus.

2 In einer großen Schüssel mischen Sie Mehl, Zucker, Backpulver und Matchapulver. Sorgen Sie für eine gleichmäßige Verteilung der trockenen Zutaten.

3 Fügen Sie das Pflanzenöl und die Milch hinzu und verrühren Sie alles zu einem glatten Teig. Achten Sie darauf, nicht zu lange zu rühren, um eine zähe Konsistenz zu vermeiden.

4 Heben Sie vorsichtig die vorgekochten Tapiokaperlen unter den Teig. Die Perlen geben dem Kuchen eine einzigartige Beschaffenheit.

5 Gießen Sie den Teig in die vorbereitete Form und glätten Sie die Oberfläche.

6 Backen Sie den Kuchen für ca. 25 - 30 Minuten oder bis ein eingesetzter Zahnstocher sauber herauskommt.

Herstellung der Grüntee-Glasur:

1 Brühen Sie Grüntee stark auf und lassen Sie ihn etwas abkühlen. Sie benötigen nur eine kleine Menge Tee, daher reicht das Aufbrühen von etwa 50 ml.

2 Sieben Sie den Puderzucker in eine mittelgroße Schüssel, um Klumpen zu vermeiden.

3 Beginnen Sie damit, einen Teelöffel des abgekühlten Grüntees zum Puderzucker hinzuzufügen und rühren Sie um, bis sich alles zu einer dickflüssigen Masse verbindet.

4 Fügen Sie nach und nach mehr Tee hinzu, bis die Glasur die gewünschte Konsistenz erreicht hat. Sie sollte zähflüssig sein, sodass sie sich gut über dem Kuchen verteilen lässt, ohne sofort zu verlaufen.

5 Überziehen Sie den abgekühlten Kuchen mit der Grüntee-Glasur. Verwenden Sie ein Messer oder einen Spatel, um eine gleichmäßige Schicht zu erzielen.

6 Lassen Sie die Glasur anziehen, bevor Sie den Kuchen in Portionen schneiden und servieren.

TIRAMISU MIT BOBA-PERLEN UND SCHWARZTEE

6 Port.

30 Min. + Kühlzeit

Mittel

Zutaten

2 Eigelbe, frisch
75 g feiner Zucker
250 g Mascarpone, cremig
200 ml starker Schwarztee, abgekühlt
Löffelbiskuits, je nach Bedarf
4 EL Tapiokaperlen, bereits in Schwarztee gegart
Kakaopulver zum feinen Überstäuben

Nährwerte p. P.

Kalorien: 350
Kohlenhydrate: 30 g
Fett: 20 g
Eiweiß: 5 g

1 Beginnen Sie mit der Zubereitung der Tapiokaperlen, indem Sie diese gemäß Anleitung kochen und in Schwarztee einlegen, um sie aromatisch zu machen. Stellen Sie die Perlen beiseite, damit sie vollständig abkühlen.

2 In einer Schüssel schlagen Sie die Eigelbe mit dem Zucker zusammen, bis die Mischung hell und cremig ist. Verwenden Sie dafür ein Handrührgerät oder einen Schneebesen.

3 Fügen Sie die Mascarpone hinzu und mischen Sie alles sorgfältig, bis eine gleichmäßige, glatte Creme entsteht.

4 Tauchen Sie die Löffelbiskuits kurz in den abgekühlten Schwarztee und legen Sie eine Schicht davon in eine Auflaufform oder in individuelle Dessertschälchen.

5 Verteilen Sie eine Schicht der Mascarpone-Creme über den eingeweichten Biskuits. Streuen Sie dann eine Schicht der abgekühlten Tapiokaperlen darauf.

6 Wiederholen Sie die Schichten, bis alle Zutaten aufgebraucht sind, wobei Sie mit einer Schicht Mascarpone-Creme abschließen.

7 Stellen Sie das Tiramisu für mindestens 4 Stunden, besser über Nacht, in den Kühlschrank, damit es fest werden kann.

8 Vor dem Servieren bestäuben Sie die Oberfläche des Tiramisus gleichmäßig mit Kakaopulver, um den klassischen Tiramisu-Look zu vollenden.

Smoothies

MANGO-ERDBEER-SMOOTHIE

2 Port.

20 Min.

Einfach

Zutaten

4 EL Tapiokaperlen
1 reife Mango, geschält und gewürfelt
150 g frische Erdbeeren, geputzt
200 ml Kokosmilch
2 EL Honig oder Agavensirup
Eiswürfel
Optional: Minzblätter zur Dekoration

Nährwerte p. P.

Kalorien: 280
Kohlenhydrate: 60 g
Fett: 1 g
Eiweiß: 3 g

1 Bereiten Sie die Tapiokaperlen nach Packungsanleitung vor. Anschließend abgießen und mit kaltem Wasser abspülen.

2 In einem leistungsstarken Mixer kombinieren Sie die Mango- und Erdbeerstücke mit der Kokosmilch und dem Honig oder Agavensirup. Mixen Sie, bis eine gleichmäßig cremige Konsistenz erreicht ist.

3 Fügen Sie nach Bedarf Eiswürfel hinzu und mixen Sie erneut, bis der Smoothie die gewünschte Kälte und Dicke hat.

4 Verteilen Sie die gekochten Tapiokaperlen gleichmäßig auf zwei Gläser.

5 Gießen Sie den frisch zubereiteten Mango-Erdbeer-Smoothie vorsichtig über die Boba-Perlen.

6 Dekorieren Sie den Smoothie optional mit Minzblättern.

WILD-BLUEBERRY

2 Port.

20 Min.

Einfach

Zutaten

4 EL Tapiokaperlen (Boba)
200 g Wildheidelbeeren (frisch oder gefroren)
1 Banane, geschält
300 ml Mandelmilch oder eine pflanzliche Milch Ihrer Wahl
2 EL Ahornsirup nach Geschmack
Eiswürfel
Optional: einige frische Heidelbeeren zur Dekoration

Nährwerte p. P.

Kalorien: 230
Kohlenhydrate: 45 g
Fett: 2 g
Eiweiß: 4 g

1 Kochen Sie die Tapiokaperlen gemäß der Anleitung auf der Verpackung. Nach dem Garen abseihen und mit kaltem Wasser abspülen.

2 Geben Sie die Wildheidelbeeren, die Banane, die Mandelmilch und den Ahornsirup in den Behälter eines leistungsstarken Mixers. Mixen Sie alles, bis ein glatter, homogener Smoothie entstanden ist.

3 Fügen Sie nach Belieben Eiswürfel hinzu und mixen Sie die Zutaten erneut, bis der Smoothie die bevorzugte Konsistenz und Kühle erreicht hat.

4 Verteilen Sie die vorbereiteten Boba-Perlen gleichmäßig auf zwei große Gläser.

5 Gießen Sie den Wildheidelbeer-Smoothie vorsichtig über die Perlen in den Gläsern.

6 Garnieren Sie den Bubble Tea optional mit einigen frischen Heidelbeeren obendrauf.

BIRNEN-KARAMELL-SMOOTHIE

2 Port. 20 Min. Einfach

Zutaten

2 Birnen, reif, geschält und in Würfel geschnitten
200 ml Milch (wahlweise Mandelmilch für eine pflanzliche Variante)
2 EL Karamellsoße für den süßen Akzent
1 TL Vanilleextrakt für ein aromatisches Dufterlebnis
Eiswürfel für die erfrischende Kühle
4 EL bereits zubereitete Tapiokaperlen für das typische Bubble-Tea-Feeling
Optional: ein wenig geschlagene Sahne als Krönung

Nährwerte p. P.

Kalorien: 220
Kohlenhydrate: 45 g
Fett: 4 g
Eiweiß: 3 g

1 Beginnen Sie mit dem Kochen der Tapiokaperlen gemäß der Packungsanweisung, falls noch nicht geschehen. Lassen Sie sie abkühlen, bevor Sie sie verwenden.

2 Nehmen Sie die Birnenwürfel und geben Sie sie zusammen mit der Milch oder Mandelmilch in einen Mixer. Für diejenigen, die eine pflanzliche Option bevorzugen, bietet Mandelmilch eine köstliche Alternative.

3 Fügen Sie die Karamellsoße und den Vanilleextrakt hinzu, um die süßen und aromatischen Noten des Smoothies zu intensivieren.

4 Geben Sie eine angemessene Menge Eiswürfel hinzu, um Ihren Smoothie perfekt zu kühlen.

5 Mixen Sie alle Zutaten auf hoher Stufe, bis die Mischung glatt und cremig ist.

6 Verteilen Sie die vorbereiteten Tapiokaperlen gleichmäßig auf zwei große Gläser.

7 Gießen Sie den Birnen-Karamell-Smoothie vorsichtig über die Tapiokaperlen.

8 Optional können Sie den Smoothie mit einem Häubchen geschlagener Sahne garnieren, um dem Ganzen einen Hauch von Eleganz und zusätzlicher Cremigkeit zu verleihen.

SCHOKOLADE-HIMBEER-SMOOTHIE

2 Port.

20 Min.

Einfach

Zutaten

150 g Himbeeren, frisch oder gefroren, für eine fruchtige Basis
200 ml Schokoladenmilch für den cremigen Schokoladengeschmack
50 g dunkle Schokolade, sanft geschmolzen, für einen intensiven Schokokick
Eiswürfel zur Erfrischung
4 EL Tapiokaperlen, bereits weich gekocht, für das Bubble-Tea-Erlebnis
Optional: Schokoladenraspeln

Nährwerte p. P.

Kalorien: 250
Kohlenhydrate: 35 g
Fett: 10 g
Eiweiß: 5 g

1 Bereiten Sie die Tapiokaperlen gemäß der Anleitung auf der Verpackung zu. Lassen Sie sie nach dem Kochen abkühlen und stellen Sie sie beiseite.

2 Nehmen Sie die Himbeeren und geben Sie sie in den Behälter eines leistungsfähigen Blenders. Sowohl frische als auch gefrorene Früchte sind geeignet, wobei gefrorene Himbeeren den Smoothie zusätzlich kühlen können.

3 Fügen Sie die Schokoladenmilch hinzu, um die Basis des Smoothies zu bereichern. Die Wahl der Schokoladenmilch variiert je nach Vorliebe zwischen zart und intensiv schokoladig.

4 Geben Sie die sanft geschmolzene dunkle Schokolade hinzu. Dies verleiht dem Smoothie eine tiefe Schokoladennote und eine angenehme Süße.

5 Füllen Sie einige Eiswürfel hinzu, um den Smoothie zu kühlen und eine erfrischende Textur zu erreichen. Mixen Sie alle Zutaten bis zur gewünschten Konsistenz.

6 Verteilen Sie die vorgekochten Tapiokaperlen gleichmäßig auf zwei Gläser und gießen Sie den fertigen Himbeer-Schokoladen-Smoothie darauf.

7 Streuen Sie optional Schokoladenraspeln über die fertigen Smoothies, um das Getränk geschmacklich und optisch abzurunden.

AVOCADO-MATCHA-SMOOTHIE

 2 Port.

 20 Min.

 Einfach

Zutaten

1 Avocado, reif, für eine cremige Konsistenz
1 TL Matchapulver für den antioxidativen Boost
200 ml Kokosmilch für tropische Noten
2 EL Honig für natürliche Süße
Eiswürfel für die perfekte Abkühlung
4 EL Tapiokaperlen, schon weich gekocht, für das besondere Kauvergnügen
Optional: 1 Handvoll Kokosraspeln

Nährwerte p. P.

Kalorien: 300
Kohlenhydrate: 40 g
Fett: 15 g
Eiweiß: 3 g

1 Starten Sie mit den Tapiokaperlen, indem Sie diese nach Packungsanweisung kochen. Lassen Sie sie nach dem Garen abkühlen und halten Sie sie bis zur Verwendung bereit.

2 Halbieren Sie die Avocado und entnehmen Sie das Fruchtfleisch. Geben Sie es zusammen mit dem Matchapulver in einen Mixer.

3 Gießen Sie die Kokosmilch dazu und fügen Sie den Honig hinzu, um die gewünschte Süße zu erreichen.

4 Füllen Sie einige Eiswürfel in den Mixer, um Ihrem Smoothie eine erfrischende Kühle zu verleihen. Mixen Sie alle Zutaten, bis der Smoothie eine gleichmäßig glatte Textur aufweist.

5 Verteilen Sie die vorgekochten Tapiokaperlen auf zwei Gläser und füllen Sie den Avocado-Matcha-Smoothie darüber.

6 Bestreuen Sie den Smoothie optional mit Kokosraspeln, um ihm ein exotisches Finish zu geben.

ZITRUS-INGWER-SMOOTHIE

2 Port.

20 Min.

Einfach

Zutaten

Saft von 2 frisch gepressten Orangen für eine süße Basis
Saft von 1 frisch gepressten Zitrone für einen sauren Akzent
1 TL frisch geriebener Ingwer für eine würzige Note
100 ml Karottensaft für einen nährstoffreichen Twist
Eiswürfel, um den Smoothie herrlich kühl zu servieren
4 EL bereits weich gekochte Tapiokaperlen für das unvergleichliche Bubble-Tea-Gefühl
Optional: einige Minzblätter

Nährwerte p. P.

Kalorien: 130
Kohlenhydrate: 30 g
Fett: 0 g
Eiweiß: 2 g

1 Beginnen Sie mit dem Kochen der Tapiokaperlen gemäß den Anweisungen auf der Verpackung. Lassen Sie diese abkühlen und stellen Sie sie beiseite, während Sie mit dem Smoothie fortfahren.

2 Pressen Sie die Orangen und die Zitrone aus, um deren frischen Saft zu gewinnen. Der frisch gepresste Saft sorgt für den authentisch frischen Geschmack des Smoothies.

3 Reiben Sie den Ingwer fein. Sein pikantes Aroma wird dem Smoothie eine angenehme Schärfe verleihen.

4 Geben Sie den Orangen-, Zitronen- und Karottensaft zusammen mit dem geriebenen Ingwer in einen Mixer. Fügen Sie nach Bedarf Eiswürfel hinzu, um die Mischung zu kühlen.

5 Mixen Sie alle Zutaten, bis der Smoothie eine homogene und erfrischende Konsistenz aufweist.

6 Verteilen Sie die gekühlten Tapiokaperlen auf zwei Gläser und gießen Sie den Smoothie darüber.

7 Dekorieren Sie den Smoothie optional mit frischen Minzblättern.

Bonus: Toppings

GEBACKENE TAPIOKAPERLEN

40 Min. Einfach

Zutaten

100 g Tapiokaperlen
2 EL brauner Zucker
1 EL Honig
Optional: 1 Prise Zimt für zusätzliches Aroma

Nährwerte p. P.

Kalorien: 120
Kohlenhydrate: 28 g
Fett: 0 g
Eiweiß: 0 g

1 Garen Sie die Tapiokaperlen nach Packungsanleitung in einem Topf mit kochendem Wasser. Achten Sie darauf, dass die Perlen vollständig durchsichtig und weich sind, bevor Sie sie abseihen.

2 Lassen Sie die gegarten Perlen gut abtropfen und geben Sie sie dann in eine mittelgroße Schüssel.

3 Vermengen Sie die noch warmen Tapiokaperlen mit dem braunen Zucker und dem Honig. Werfen Sie alles gut um, sodass die Perlen gleichmäßig mit der süßen Mischung überzogen sind. 1 Prise Zimt kann nach Belieben hinzugefügt werden, um die Aromen zu intensivieren.

4 Heizen Sie Ihren Backofen auf 160 °C vor und bereiten Sie ein Backblech mit Backpapier vor.

5 Verteilen Sie die Tapiokaperlen in einer einzigen Schicht auf dem Backblech. Achten Sie darauf, dass die Perlen nicht übereinanderliegen, um ein gleichmäßiges Backen zu gewährleisten.

6 Backen Sie die Perlen für etwa 20 – 25 Minuten im Ofen. Überprüfen Sie regelmäßig und wenden Sie die Perlen gegebenenfalls, bis sie eine knusprige Textur erreicht haben.

7 Lassen Sie die knusprigen Tapiokaperlen vor dem Servieren vollständig abkühlen.

MANGO-POPPING-BOBA

2 Port.

1 Std.

Mittel

Zutaten

200 ml Mangopüree
50 ml Wasser
2 g Calciumlactat
500 ml Wasser
5 g Natriumalginat
100 g Zucker für das Zuckerwasser

Nährwerte p. P.

Kalorien: 50
Kohlenhydrate: 12 g
Fett: 0 g
Eiweiß: 0 g

1 Verrühren Sie Mangopüree, 50 ml Wasser und Calciumlactat gründlich in einer Schüssel. Stellen Sie sicher, dass das Calciumlactat vollständig aufgelöst ist.

2 Für die Natriumalginatlösung lösen Sie Natriumalginat in 500 ml Wasser auf. Verwenden Sie dazu einen Mixer oder einen Schneebesen, um Klumpen zu vermeiden. Lassen Sie die Lösung etwa 15 Minuten ruhen, bis alle Luftblasen verschwunden sind.

3 Füllen Sie die Mango-Mischung in eine Spritzflasche oder geben sie auf einen kleinen Löffel. Tropfen Sie die Mischung vorsichtig in die Natriumalginatlösung, um kleine Kugeln zu formen. Jeder Tropfen wird sofort zu einer festen Boba-Perle gelieren.

4 Lassen Sie die Mango-Popping-Boba etwa 2 - 3 Minuten in der Alginatlösung, um sicherzustellen, dass sie vollständig aushärten.

5 Entnehmen Sie die Boba-Perlen mit einem Sieblöffel und spülen Sie sie unter kaltem Wasser ab, um überschüssiges Alginat zu entfernen.

6 Bereiten Sie ein Zuckerwasser vor, indem Sie Zucker in Wasser auflösen. Geben Sie die gereinigten Mango-Boba in das Zuckerwasser und lagern Sie sie dort, bis sie verwendet werden.

GRÜNTEE-GELEE-WÜRFEL

Mittelgroße Form

2 Std.

Einfach

Zutaten

500 ml Wasser
2 - 3 Beutel hochwertiger Grüntee oder entsprechende Menge losen Grüntee
2 TL Agar-Agar-Pulver
2 - 3 EL Zucker (optional, je nach Geschmack)

Nährwerte p. P.

Kalorien: 30
Kohlenhydrate: 7 g
Fett: 0 g
Eiweiß: 0,5 g

1 Erhitzen Sie das Wasser in einem Topf bis kurz vor dem Siedepunkt und nehmen Sie den Topf vom Herd. Legen Sie die Grünteebeutel hinein und lassen Sie den Tee 3 - 5 Minuten ziehen, je nach gewünschter Stärke.

2 Entfernen Sie die Teebeutel oder seihen Sie den losen Tee ab und geben Sie den Tee zurück in den Topf. Rühren Sie den Zucker ein, falls verwendet, bis er sich vollständig aufgelöst hat.

3 Streuen Sie das Agar-Agar-Pulver ein und verrühren Sie alles gründlich, um Klumpenbildung zu vermeiden. Erhitzen Sie die Mischung erneut und lassen Sie sie unter Rühren für 2 - 3 Minuten leicht köcheln, damit das Agar-Agar aktiviert wird.

4 Gießen Sie die heiße Grüntee-Mischung in eine flache Form. Lassen Sie das Gelee bei Raumtemperatur abkühlen, bevor Sie es für mindestens 1 - 2 Stunden in den Kühlschrank stellen, bis es vollständig fest ist.

5 Sobald das Gelee fest ist, stürzen Sie es auf eine saubere Oberfläche und schneiden Sie es mit einem scharfen Messer in gleichmäßige Würfel.

KOKOSMILCH-GELEE

10 Port.

3 Std.

Einfach

Zutaten

400 ml Kokosmilch
50 g Zucker
2 TL Agar-Agar

Nährwerte p. P.

Kalorien: 100
Kohlenhydrate: 10 g
Fett: 6 g
Eiweiß: 1 g

1 Gießen Sie die Kokosmilch in einen mittelgroßen Topf und fügen Sie den Zucker hinzu. Erwärmen Sie die Mischung bei mittlerer Hitze und rühren Sie um, bis der Zucker sich vollständig aufgelöst hat.

2 Streuen Sie das Agar-Agar gleichmäßig über die Kokosmilch und verrühren Sie alles gründlich, um Klumpen zu vermeiden.

3 Bringen Sie die Mischung unter ständigem Rühren zum Kochen. Sobald die Mischung kocht, reduzieren Sie die Hitze und lassen Sie sie für 2 - 3 Minuten leicht köcheln, damit das Agar-Agar aktivieren kann.

4 Nehmen Sie den Topf vom Herd und lassen Sie die Mischung einige Minuten abkühlen. Gießen Sie dann die flüssige Kokosmilch vorsichtig in vorbereitete Formen oder eine flache Schale.

5 Stellen Sie die Formen oder die Schale in den Kühlschrank und lassen Sie das Gelee mindestens 2 - 3 Stunden oder bis zur vollständigen Festigung kühlen.

6 Wenn das Gelee fest ist, stürzen Sie es auf eine saubere Arbeitsfläche und schneiden Sie es in Würfel oder die gewünschte Form.

ALOE-VERA-WÜRFEL MIT HONIGMARINADE

2 Port.

15 Min. + Kühlzeit

Einfach

Zutaten

100 g frisches Aloe-vera-Gel
3 EL Honig
1 EL frisch gepresster Zitronensaft

Nährwerte p. P.

Kalorien: 60
Kohlenhydrate: 15 g
Fett: 0 g
Eiweiß: 1 g

1 Schälen Sie vorsichtig das Aloe-vera-Blatt, um das innere Gel freizulegen. Achten Sie darauf, die äußeren grünen Schichten komplett zu entfernen, da diese bitter schmecken können.

2 Schneiden Sie das klare Aloe-vera-Gel in kleine, mundgerechte Würfel.

3 In einer kleinen Schüssel vermengen Sie den Honig mit dem Zitronensaft, bis eine homogene Marinade entsteht.

4 Geben Sie die Aloe-vera-Würfel in die Marinade und stellen Sie sicher, dass alle Stücke gut mit der Marinade überzogen sind.

5 Lassen Sie die marinierten Aloe-vera-Würfel mindestens 30 Minuten im Kühlschrank ziehen, damit sich die Aromen vollständig entfalten können.

6 Servieren Sie die Aloe-vera-Würfel gekühlt als erfrischende Beilage oder als besondere Zutat in Getränken und Desserts.

KAFFEE-GELATINE-PERLEN

20 Kugeln

3 Std.

Einfach

Zutaten

250 ml starker Kaffee
2 TL Gelatinepulver
3 EL Zucker (oder mehr/weniger nach Geschmack)

Nährwerte p. P.

Kalorien: 30
Kohlenhydrate: 6 g
Fett: 0 g
Eiweiß: 1 g

1 Brühen Sie zunächst den Kaffee auf und achten Sie darauf, dass er wirklich stark ist, um ein intensives Aroma zu erhalten.

2 Gießen Sie den frisch zubereiteten Kaffee in einen kleinen Topf und rühren Sie den Zucker ein. Erwärmen Sie die Mischung bei niedriger Hitze, bis der Zucker sich vollständig aufgelöst hat.

3 Streuen Sie das Gelatinepulver über den warmen Kaffee und lassen Sie es einige Minuten quellen. Rühren Sie dann die Mischung bei niedriger Hitze, bis die Gelatine vollständig gelöst ist. Achten Sie darauf, dass die Mischung nicht kocht.

4 Entfernen Sie den Topf vom Herd und lassen Sie die Flüssigkeit ein wenig abkühlen.

5 Bereiten Sie die Silikonformen vor und gießen Sie die Kaffee-Gelatine-Mischung vorsichtig hinein.

6 Stellen Sie die Formen in den Kühlschrank und lassen Sie die Kaffee-Gelatine mindestens 2 bis 3 Stunden fest werden, bis die Kugeln komplett durchgekühlt und fest sind.

7 Lösen Sie die fertigen Kaffee-Gelatine-Kugeln vorsichtig aus den Formen.

CREMIGES CHEESECAKE-TOPPING

4 Port.

10 Min.

Einfach

Zutaten

150 g Frischkäse, Raumtemperatur
100 ml Schlagsahne
50 g Puderzucker

Nährwerte p. P.

Kalorien: 100
Kohlenhydrate: 8 g
Fett: 7 g
Eiweiß: 1 g

1 Geben Sie den Frischkäse in eine mittelgroße Rührschüssel. Achten Sie darauf, dass der Frischkäse weich und bei Raumtemperatur ist, um eine geschmeidige Konsistenz zu gewährleisten.

2 Fügen Sie den Puderzucker zum Frischkäse hinzu. Verwenden Sie ein Handrührgerät oder einen Schneebesen, um beides zunächst auf niedriger Stufe zu verrühren, bis der Zucker sich vollständig mit dem Frischkäse vermischt hat.

3 Gießen Sie nun die Schlagsahne hinzu und erhöhen Sie die Geschwindigkeit des Handrührgeräts. Schlagen Sie die Mischung, bis sie dickflüssig und cremig wird. Die genaue Schlagzeit kann variieren, je nachdem, wie fest Sie das Topping möchten.

4 Sobald die Cheesecake-Creme die gewünschte Konsistenz erreicht hat, nehmen Sie einen Löffel zur Hand und geben Sie vorsichtig eine Portion der Creme beispielsweise auf Ihren Bubble Tea.

MATCHA-MOUSSE-TOPPING

4 Port.

2 Std.

Einfach

Zutaten

1 TL Matchapulver
50 ml heißes Wasser
200 ml Schlagsahne
2 EL Zucker (nach Geschmack)

Nährwerte p. P.

Kalorien: 120
Kohlenhydrate: 10 g
Fett: 8 g
Eiweiß: 2 g

1 Lösen Sie das Matchapulver in 50 ml heißem Wasser auf, um eine klumpenfreie, intensive Matcha-Basis zu erhalten. Lassen Sie die Mischung kurz abkühlen.

2 Schlagen Sie die Schlagsahne in einer großen Schüssel auf, bis sie steife Spitzen bildet. Achten Sie darauf, dass die Sahne gut gekühlt ist, um das beste Ergebnis zu erzielen.

3 Süßen Sie die geschlagene Sahne vorsichtig mit Zucker. Geben Sie die Zuckermenge nach Ihrem persönlichen Geschmack hinzu und passen Sie die Süße entsprechend an.

4 Heben Sie die abgekühlte Matcha-Mischung behutsam unter die geschlagene Sahne, um eine homogene Matcha-Mousse zu erzeugen. Bewegen Sie den Schneebesen oder Spatel sanft in einer faltenden Bewegung, um die Luftigkeit der Mousse zu bewahren.

5 Füllen Sie die Matcha-Mousse in eine geeignete Schüssel oder ein Behältnis und stellen Sie es für mindestens 1 - 2 Stunden in den Kühlschrank, bis die Mousse fest wird.

6 Verwenden Sie die gekühlte Matcha-Mousse als geschmackvolles und farbenfrohes Topping für Ihren Bubble Tea oder andere Desserts.